# TRANSFIGURACIONES

Editorial El Maestro

Josesal13@aol.com

Jose.salgado12@gmail.com

787-345-1524

Transfiguraciones

Editorial El Maestro

Copyright © 2023 José L. Salgado Natal

Primera Edición: 1 de junio de 2023

ISBN: 9798831597295

Editorial El Maestro

Editor: Publicado de forma independiente

Derechos de Autor / José Luis Salgado Natal

# Índice

## Transfiguraciones

# TRANSFIGURACIONES

# PRÓLOGO

Considero que la poesía es el género literario que conduce al desahogo del alma. Entre algunos de sus atributos podemos identificar su aportación al fortalecimiento de la psiquis del ser humano a través de sus diversos estilos y formas. En este poemario, Salgado Natal logra acariciar la fibra más íntima del yo niño, yo estudiante, hombre y amante, llevándonos por un recorrido de las experiencias que busca develar con su poesía. Aquí, su sentido de la vida queda expuesto mediante el uso de simbolismos y emociones concretas recreadas en cada página.

De una forma magistral, el autor demuestra su dominio de la décima, el soneto y la rima libre para luego someter sus poemas a un procedimiento quirúrgico donde utiliza las técnicas del Siglema 575 y el Haiku para dar un nuevo sentido a sus temas y sus vivencias. En mi opinión, la obra de Salgado Natal, logra abrazar la hoja de papel para que, durante la lectura de cada poema, su sensibilidad, romanticismo y sentido patriótico impregnen nuestro espíritu con sus imágenes poéticas.

Para poder analizar el sentido de cada uno de los poemas en este libro, debemos visualizar al autor como educador, servidor público y luego como poeta. De esta forma se nos facilita entender el mensaje, conocer al escritor y sus inquietudes sociales. La obra que nos presenta el profesor José Luis Salgado Natal, es un acróstico de cada ciclo de la vida filtrado a través del conocimiento y de las emociones. Sus escritos poéticos, además de motivarnos a la búsqueda de un cambio interior, nos inspiran a lograr una transformación social y una búsqueda de lo trascendental. Esto lo podemos observar en sus poemas: Bien, Pena, Vencer la pasión , Súplica de la zozobra, entre otros.

Transfiguraciones, nos presenta la oportunidad de meditar en una transformación, en la búsqueda de un cambio. Es proponerse un principio con la esperanza de alcanzar un final que tal vez no habíamos considerado. Mediante esta compilación de poemas, el autor desea que el público lector pueda sentir junto a él, la transfiguración y continuo cambio de la naturaleza, las emociones y de la vida misma.

Cierro esta breve reflexión exhortando a los lectores a abrazar el mensaje que encierran cada uno de los poemas que brotan del tintero en manos del autor, José Luis Salgado Natal. Su deseo de compartir con nosotros su vida en cada poema también responde al deseo del Padre que quiere ayudarnos a descubrir nuevos caminos cuando dice: "Clama a mí y yo te responderé, y te enseñaré cosas grandes y ocultas que tú no conoces": Jeremías 33:3. Así también es la poesía.

Carmen Yolanda Cartagena Rivera
Doctora en Consejería Pastoral,
Escritora, Trabajadora Social Clínica y
Capellana.

# Reflexión

Soy libre cuando doy rienda suelta a
mis sentidos y cuando sobre una
página mis lágrimas derramo.

JLSN

Transfiguraciones

# Patria

*El paisaje nunca es el mismo cuando lo miras a través de una ventana ajena.*

*JLSN*

## ABRO

**A**brí el portal
de la mañana ajena,
usurpadora.

**B**ardo asaltante
de romances con lengua
idiotizada.

**R**einventas frases
fugitivas del viento
para anegarme.

**O**bsesionado
con actos de conquista
en el exilio.

## MUNDO

Meces los bosques
como un Rey imaginario
en la colmena.

Ungido con miel
de palabras huérfanas
y desgarradas.

Navegando en
el espacio que excluye
lo imperfecto.

Donde lo malo
se acepta, aunque ofenda.
¡Qué ironía!

Oigo al injusto
quejarse cuando juzga
y al justo callar.

*Los personajes del folklor de un pueblo abonan las raíces de los recuerdos y fortalecen el sentido de identidad que persevera en los niños.*

*JLSN*

## Elegía a un jíbaro conocido

Don Rosario… Llovizna, es el mismo.

Estampa criolla del campo

que madruga en el rocío

para gritar la plegaria que germina

en diafragmas que navegan sobre el tiempo.

Don Rosario… Llovizna, es el mismo.

Su sudor es la cascada

que refresca a los patriotas

como el néctar extraído

de los frutos maltratados por la envidia

de los que carecen de patria.

*No siempre es exitoso el joven que más estudia sino el que mejor aprende las lecciones de la vida.*

*JLSN*

# Amores y Desamores

*Una respuesta sueve aplaca la ira, una palabra hiriente exacerba el furor.*
*Proverbios 15:1*

## Hechizos de luna

La herida de su belleza
se escapaba del lunar que lleva en la piel
para ocultar sus mentiras
como instrumento de enredos
que me alejó de la suerte
y con las zanjas inciertas de su carnada exquisita
me obligaba a rescatarla
de una laguna seca que almacenaba veneno
pero al abrir la compuerta
de su boca hipnotizante
ya no había más remedio.
Su oscuridad me tragaba
conjurando hechizos nuevos
con los polvos de sus lunas.

## Vencer la pasión

Si alguna vez te sientes traicionado
y la humillación te hunde en la congoja
evita que la furia sobrecoja
la idea de creerte poco amado.

No dejes que te venza el altercado,
levanta el semblante, ríe, sonroja…
Si el verso del poeta se te antoja
acabarás como un buen ron: ¡curado!

Comparte tu existencia con la vida.
Ve adelante, sacúdete, condona,
demuestra que eres hombre, no homicida.

Pule los kilates de tu persona.
Transfigúrate, purifica y olvida.
Mayor que quien no olvida es quien perdona.

## Laberinto perdido

Demos inició el orgasmo
de todo lo trascendente
que se oculta en el cinismo
de las risas burlonas.
Que sea sabia la respuesta
y que surja de las manos
el entierro de la infamia
que conduce al caminante
por laberintos perdidos.
Seamos el clamor brillante
que se escapa de los insomnios mañaneros
para rendirnos en aposentos
que desatan las culpas del pasado.

## La flor y la serpiente.

Se despertó la flor de la doncella
con sus pétalos abiertos
y vertió el elixir del cáliz
tembloroso entre sus miembros.
Los fantasmas de su aroma
se impregnaron en la arena
como centinelas perversos que querían ser testigos
del banquete que el desierto apasionado
le brindaba a una serpiente solitaria.

## (Encanto)

Flor encantada
con gotas de rocío
evaporado.

Diste a beber
el jugo que yo ansiaba
sin mi permiso.

Ahora quiero
destilarte en la lluvia
para salvarme.

## Existencia

Se arrebató la noche
solo por pensarte,
se arrebató.
Quiso tender el manto
otra vez sobre tu lienzo
y comprendió
que si quería tenerte
más no existiera.
Tuvo que conformarse
mirándote desde lejos.
Ella a un extremo,
**t**ú al otro…
**o**
**c**
**a**
**n**
**d**
**o**
el horizonte.

## ALOJO

Amaneciste
tendido en la esperanza
como un perrito.

Lamer su cuerpo
no curó sus heridas…
abrió las tuyas.

Olvida aquello
que empeora las penas;
sana, camina.

Jubílate hoy
sin llevar más heridas
innecesarias.

Otra morada
te espera sonriente
para que duermas.

## Gestación

Ensamblaje pueril
que se escapa de un colchón
de exabruptos exquisitos.
Cuajo a término completo
que se aglutina en la sangre
y evoluciona en la aurora.
Eslabón de un ramaje de acertijos
ahogados por la braza de unos ojos
que quisieron ser hoguera.

## Burocracia

Pasó el martes…
y otros que no han llegado
ya los he visto.
Cada día es la materia
de realidades absurdas
que dominan al ingenuo.

Somos números y términos
de la medida adversa
de una tribuna fría
donde los nervios devoran
eso que nos consume
y nos hace prototipos
de planes que no son nuestros.

## Perdón para un pendón

Me agiganta lo pequeño
que se queda entre los dientes.
Me agigantan los gritos
que se apagan en tu boca.
Me agigantan las piedras
que lanzas con la mirada
porque ellas pavimentan mis ideas
como amebas millonarias.
Me enriquece el hedor
de tu vientre putrefacto
donde guardas el perfume de los pasos que tomaste
disfrazada de diosa al acariciar mis manos.
Te convertiste en pendón
que llevé como fantasma
de los múcaros calientes que casi me derrotaron
y que logré perdonar para que no me asfixiaran.

## Adiós y desengaño

Nacen secas las promesas
del fuego que se extingue
con el fango de tu injuria
cuando profanas el lecho.
Eres sagrada maldita
vagabunda del infierno
porque navegas con velas
que se enredan en las nubes
pero suplico al Amado
me regrese cada angustia
para enjugarla con plata de mi rala cabellera
donde mueren las infamias
con la experiencia de un siglo.

## Súplica de la zozobra.

Se abrió la boca del templo que dormía
embrutecido por las perlas que salieron de tu boca
aleteando como buitres en la puerta de aposentos
donde el invasor pululaba con vestiduras sucias
ancladas como veleros. Rogué al mástil
que soltara sus amarras y te echara por la borda
para ver cómo Neptuno disponía de tu cuerpo
en el abismo de mares que suprimen la justicia
y cuando llegué a la costa descubrí
que ya no estaba la playa.

## Más que una flor

Sé que existes sin verte

porque advierto a la distancia

la endemia de tu presencia

como el canto de las aves mañaneras

cuando animan mi cansancio

como el vaivén de las aguas burbujeantes

que arrasan tu cordillera

cuando en ellas te sumerges.

Sé que existes sin verte

porque veo cómo el pintor

se despide de su cuadro

y aparenta que una lágrima importuna

es la gota de sudor que secó con su pañuelo.

Por eso te contemplo con los ojos del artista

y acaricio el volantín de la falda que te adorna.

Eres ¡Maga!, emperatriz de las flores

que se posan sobre el césped de mis años

a esperar que se acabe nuestra magia.

*Hay amores que solo pueden existir en
las neuronas del viento porque no quieren que
tus manos los alcance.*

*JLSN*

Transfiguraciones

# BÚSQUEDAS Y ENCUENTROS

## (Apariencias)

Me llamas loco

porque no coincidimos

al pronunciarlo.


Café tostado

dices sofisticada.

Yo, digo… tosta'o.


Ámate igual

y acéptalo con leche,

el mío… con miel.

*Dedicado a mi primo, Edwin Salgado,*
*destacado boxeador vegalteño.*

## PAPO

Por corajudo

algunos te veían

sin conocerte.


Apto y valiente

lucías en el ring

bañado en sangre.


Por pocos pesos

admiración ganabas

moliendo cuerpos.


Oiga oponente,

¡era un acorazado

ese chiquillo!

*El sabor de mi poesía fluye como un torrente, llenando nuestro inconsciente, tragándose a quien porfía.*

*JLSN*

## POEMA

Peca de furia
la historia del poeta
creador de versos.

Olvida el laudo
de un canto natimuerto
pero no el ritmo.

Escalonado
en la piel arrugada
que huyó del frío.

Muerde con rabia
las rimas vengativas
sin voz ni acento.

Arte que corre
con el talento a cuestas
cuando se inspira.

## BIEN

Bueno es el aire
cuando carga la pena
en su corriente.

Invitándome
a comprender lo oscuro
del pensamiento.

Entra en rincones
preguntando: ¿quién eres?,
¡acompáñame!

No quiero ir solo…
me agrada tu presencia
inspiradora.

## Oda a la oculta alegría

Quiero atrapar la alegría

para burlarme del llanto

y alejarlo del espanto

que hace del viento una orgía.

Otra carne si no es mía

castrada de mil cabezas

bullirá de entre las fresas

que aglomera el desatino,

y me dijo aquel mezquino:

¡Eres flor de sus pavesas!


Después que mi cuerpo labre

las hormonas del placer

descubriré qué he de hacer

con el manto de este estambre.

Será entonces cuando el hambre

de irradiar con mi nobleza

las curvas de tu promesa

en tu boca y en tu piel

que caerás sobre la miel

de ser yo quien te embelesa.

## PENA

Pesa el silencio
de callar la nostalgia
indestructible.

Escuchándote
acariciar un rezo
desconocido.

Náufrago solo
cargando tus pesares
de puerto en puerto.

Arco sin flecha
que apuntas al espacio
por brillar sombras.

*A una nueva generación de patriotas y luchadores incomprendidos que claman sobre oídos sordos.*

JLSN

## RAZÓN

Renació el sentir
de creer lo correcto
en la trinchera.

Anteriormente
disfrazada de lucha
hoy, de derechos.

Zona confusa
del que opina y plantea
como experto.

Ósculo indemne
en la mirada ajena
y desahuciada.

Negándole fe
al proceso que incoa
por su injusticia.

*Dedicado a los niños con*
*problemas del habla.*

## Canto a mi niño

Pobre niño de mi ensueño
meciéndose bajo rejas
paralelas al infinito
de sus letras sin vocablo.
Lleva el deseo en las sienes
de entender lo que su voz
lucha por levantar
más allá de lo que intenta.

Sus logros impredecibles
son de un poeta los versos
marcados en sus costillas
como en un marco las fotos
porque viven retratados
en la rueda de fortunas
que muerde sus oraciones.

Niño, no temas…
he venido inmaculado
no de etiqueta vestido
para atrapar con mi lápiz
tu poesía de señales.

# (Tu canto)

Mover la lengua
cuarteada de esfuerzos
avinagrados.

Unificó
tus palabras sin letras
como un pitirre.

Que se esmeraba
por vencer la tormenta
enmudecido.

*Feliz es aquel que viendo lo imperfecto
puede adaptarse porque aprendió a mantener
sus ojos libres de prejuicios.*

*JLSN*

## Loco

Loco es el genio de la locura

que violenta la idea solitaria.

Ese que baja de la altura

para enfrentar

las miradas descompuestas.

## Quise ser poeta

La inspiración decidió
salir de paseo un día
bajo un invierno que ardía
carente de musas salió.
En la estación se perdió
recordando al buen amigo
de la injusticia testigo.
Soberbia contra el amor
se enfrentaron sin temor
en sueños que hoy yo persigo.

La ilusión de cada meta
llenaba su corazón
pero rindió sin razón
su anhelo de ser poeta
al acoso del profeta
que reveló el enemigo.
¡Él quiso acabar contigo!;
declaró el amor sincero
sumiendo aquel bandolero
en sueños que hoy yo persigo.

Gloria a Dios por la victoria
transpirada en la bondad
del que venció la maldad
sin cancelar nuestra historia
aquella que fue irrisoria
por perseverar conmigo.
No existe peor castigo
al que censura a un coplista
que extirparlo de la lista
en sueños que hoy yo persigo.

La naturaleza elige
como expiador a un relicto
para evitar el conflicto
que el bien o el mal siempre inflige
sobre todo, al que se aflige
por culpa de un examigo.
Así que corta el ombligo
ya es hora de engendrar versos
sin importar los perversos
en sueños que hoy yo persigo.

## Misión de honor

Funden las golondrinas
cada segundo de su destierro.
Rabian porque a escondidas
navegan las cuevas expuestas
del sepulcro deshonrado.
Se volcaron sobre el cielo
con angustia interminable
donde se ahogó la espera
de su demonio sin vida.
Como tenor con voz de sueño
quieren reivindicarse
para hacerse amigas del pasado
donde todo concluyó sin prisa
porque la prisa es el miedo.
Eso no lo siente una golondrina;
ellas rebotan en los recuerdos
de tus palabras podridas
y en el aire se transforman
al reiniciar su travesía.

## En tu graduación

Al subir los cucuruchos
de los esfuerzos cumplidos
no te olvides que oprimidos
aún permanecen muchos.
Puede que sean muy duchos
o repletos de ignorancia
porque a través de su infancia
no los sostuvo un buen soco.
Vale más entres en foco
y atesores tu lactancia.

*Cántale a tu familia sin importar su condición porque no existe mejor madera que elogie su descendencia que la madera que usaste para encabar tus herramientas.*

*JLSN*

## Elegía a un origen

Los ojos de los años se rompieron
a la orilla de la cama que se cansó de esperarte.
El tiempo se detuvo en tu añoranza
y quiso prevenir que te perdieras
como el descarriado que confundió la muerte
con el baile de verbenas en los relojes corruptos
y la huella de tu andar dejó de hacerse
como pasos que se borran de su origen.